Patrie, Devoir. Liberté.

SÉANCE

DU VENDREDI 1er FÉVRIER 1895

LE PROGRÈS SOCIAL

PAR

L'INITIATIVE INDIVIDUELLE

PAR M. EUGÈNE ROSTAND

Extrait de *LA REFORME SOCIALE*

DOUZIÈME MILLE

AU SIÈGE DU COMITÉ

54, RUE DE SEINE, 54

—

PARIS

N° 3

PUBLICATIONS DU COMITÉ

1. — Conférences (broch. in-18 à 0 fr. 05).

Nº 1. Pourquoi nous ne sommes pas socialistes, par M. ANATOLE LEROY-BEAULIEU.

Nº 2. L'usage de la liberté et le devoir social, par M. GEORGES PICOT.

Nº 3. Le progrès social par l'initiative individuelle, par M. ROSTAND.

Nº 4. Le devoir d'aînesse, par M. PAUL DESJARDINS.

Nº 5. Le rôle et le devoir du capital, par M. E. CHEYSSON.

Nº 6. Le devoir social de la jeunesse, par M. WAGNER.

Nº 7. Notre responsabilité devant le mal social, par M. OLLÉ-LAPRUNE.

Nº 8. Les assurances ouvrières et le socialisme d'Etat, par M. ALB. GIGOT.

Nº 9. L'agriculture et le socialisme, par M. D. ZOLLA.

Nº 10. Le Comité de défense et de progrès social, par M. A. LEROY-BEAULIEU.

Nº 11. La liberté d'association, par M. GABRIEL ALIX.

Nº 12. La diffusion de la fortune mobilière en France, par M. R.-G. LÉVY.

Nº 13. Le rôle social de l'écrivain, par M. RENÉ DOUMIC.

Nº 14. La coopération, ses bienfaits et ses limites, par M. MABILLEAU.

Nº 15. Les solutions socialistes et le fonctionnarisme, par M. ROSTAND.

Nº 16. Salariés et capitalistes, par M. DANIEL ZOLLA.

Nº 17. Voyage social en Allemagne, par M. GEORGES BLONDEL.

Nº 18. Le rôle social de la colonisation, par M. JOSEPH CHAILLEY-BERT.

Nº 19. Le Vooruit de Gand, par M. J. VAN DEN HEUVEL.

Nº 20. Les expériences sociales en Australie, par M. PIERRE LEROY-BEAULIEU.

Nº 21. La répression pénale et les intérêts populaires, par M. H. JOLY.

Nº 22. La crise du revenu et la loi du travail, par M. E. CHEYSSON.

Nº 23. Les finances françaises, par M. R. STOURM.

(V. la suite p. 47.)

PUBLICATIONS DU COMITÉ

(*Suite.*)

1. — Conférences (broch. in-18 à 0 fr. 05).

(*V. ci-dessus p.* 2.)

Nº 24. Une alliance contre l'esprit sectaire, par M. CH. WA-
GNER.

Nº 25. La criminalité de la jeunesse, par M. HENRI JOLY.

2. — Brochures in-18 à 0 fr. 25 (couronnées dans le Concours de 1895-96).

A. La propriété est-elle légitime ? par M. ANDRÉ VOVARD.

B. Les adversaires de la propriété, par M. DE SAINT-GENIS,
ancien conservateur des hypothèques.

C. Le principe de la propriété, par M. le pasteur MAURICE
CONSTANÇON.

---

3. — Tracts à 1 fr. 50 le cent assortis.

1. La propriété.
2. Histoire d'une casquette.
3. La nationalisation du sol.
4. Le plus coûteux des gouvernements.
5. Mes griefs contre le socialisme, par M. EUG. D'EICHTHAL.
6. Le budget de l'Etat collectiviste, par M. MAURICE BLOCK,
de l'Institut.
7. Socialistes : pourquoi pas ? par M. PAJOT.
8. La patrie française et l'internationalisme, par M. ANATOLE
LEROY-BEAULIEU, de l'Institut.
9. Les citations de M. Jaurès et la véracité des socialistes,
par M. PAUL LEROY-BEAULIEU. de l'Institut.
10. Collectivisme agraire et nationalisation, par le même.
11. A l'école de la coopération et à l'école du socialisme, par
M. EUG. ROSTAND.
12. Les responsabilités de la presse, par M. ANATOLE LEROY-
BEAULIEU, de l'Institut.
13. Criminalité et socialisme, par M. EUGÈNE ROSTAND.
14. Le Salariat et le salaire, par M. LEVASSEUR, de l'Institut.

COMITÉ DE DÉFENSE ET DE PROGRÈS SOCIAL

Patrie, Devoir, Liberté.

BULLETIN DE SOUSCRIPTION

Le Comité, sans demander aujourd'hui de cotisation régulière, recevra avec reconnaissance les souscriptions de Vingt francs et au-dessus, afin de couvrir les frais d'organisation et de publication des conférences, tant à Paris qu'en province.

Je soussigné (nom et adresse lisibles)________________

____

____

*mets à la disposition du Comité la somme de*__________

____

jointe au présent bulletin en mandat, bon ou chèque; **ou bien** : *que le Trésorier pourra faire toucher à mon domicile, à partir du*___________________________________

____

(DATE ET SIGNATURE)

Adresser les Bulletins de Souscription à M. DE-LAIRE, Secrétaire-Trésorier du Comité, *rue de Seine, 54, à Paris.*

Paris. — Imprimerie F. Levé, rue Cassette, 17.

2 2 5

ALLOCUTION DE M. GEORGES PICOT, PRÉSIDENT

M. LE PRÉSIDENT. — Messieurs, nous ouvrons ce soir notre seconde réunion publique. Vous le savez, notre but n'est pas seulement de nous assembler pour écouter la parole d'orateurs distingués, mais d'agir. Si nos conférences ont été retardées de dix jours pour satisfaire au désir des propriétaires de l'hôtel des Sociétés Savantes, nous ne nous sommes pas reposés. Ce que nous avons fait à Paris, nous l'avons commencé ailleurs. A Lille, il y a huit jours, M. Anatole Leroy-Beaulieu poursuivait la même campagne en présidant une assemblée nombreuse et en lui faisant entendre les paroles fortifiantes que vous applaudissiez dans notre première séance.

Il n'y a pas une ville de France où nous n'ayons l'ambition de créer des conférences sociales qui servent de lien entre ceux qui veulent combattre la doctrine d'engourdissement et d'abdication qui se nomme le Socialisme. (*Explosion de murmures. — Applaudissements.*) Nous voulons organiser surtout ces conférences dans les villes d'Universités où la jeunesse a besoin d'entendre un langage qu'elle n'est pas accoutumée à écouter. (*Applaudissements — Bruit prolongé.*)

Ce qui se passe en ce moment prouve qu'il y a ici une minorité singulièrement ignorante de la liberté. (*Applaudissements.*)

Nous voulons nous adresser, ici et ailleurs, non à une coterie, mais à tout le monde, mais à la foule, à ceux qui veulent le progrès, qui y croient, qui réclament un peu plus de justice, un peu plus de fraternité et ce sentiment de devoir mutuel qui est le lien des sociétés.

Heureusement, à côté de ceux qui sont incapables d'agir, qui ne savent qu'étouffer la parole sous leurs clameurs, il y a des hommes qui agissent, qui aiment le peuple, qui souffrent de sa souffrance, qui connaissent les conditions du travail et de l'épargne, qui consacrent leurs forces au développement des institutions de prévoyance. C'est un de ces hommes qui va vous parler ce soir.

Celui qui est à côté de moi multiplie dans sa ville natale, depuis des années, les grandes œuvres d'assistance : il a tout étudié, tout embrassé, tout appliqué, en montrant les ressources illimitées de l'esprit au service du cœur. Il est l'image vivante de l'initiative dont il va vous parler. Sa parole est un enseignement, parce que sa vie est un modèle. (*Vifs applaudissements.*)

L'avoir parmi vous ce soir est un grand honneur, Vous aurez, je l'espère, assez de respect de vous-mêmes pour l'écouter et l'applaudir.(*Applaudissements.*)

Je donne la parole à M. Rostand.

CONFÉRENCE DE M. EUGÈNE ROSTAND

LE PROGRÈS SOCIAL
PAR L'INITIATIVE INDIVIDUELLE

Messieurs, il s'agit d'idées. J'espère que ceux qui, avant même d'avoir entendu, viennent d'essayer ce tumulte ne voudront pas donner d'eux-mêmes à croire que, dans le monde tel qu'ils rêvent de le refondre, il n'y aurait plus de place pour les idées ni pour la parole libre de l'homme. (*Vifs applaudissements.*)

Le groupe promoteur de la campagne qui s'est ouverte le 9 janvier a une double foi, un double idéal : la défense de certaines notions-mères sans lesquelles il n'est pas de sociétés humaines civilisées, l'impulsion vers un perfectionnement hardi et incessant de ces sociétés.

Ce n'est pas pour un pur effet verbal ou d'équilibre que son titre à deux branches exprime ces deux objectifs : nous ne séparons pas l'un de l'autre. La politique sociale que nous soutenons n'a rien de commun avec la politique négative. Nous ne sommes ni des impassibles, ni des résignés au mal, ni des satisfaits. Nous somme des croyants dans la marche de l'humanité, des agissants, des progressistes... (*Bruit.*)

Réforme, non immobilisme.

Ce n'est point là une affirmation de circonstance. L'école à laquelle se rattachent la plupart d'entre nous, avec les variantes de l'indépendance de pensée, n'est pas ce qu'on appelle une école conservatrice, mais une école réformiste. Elle n'a jamais écrit sur son drapeau *Immobilisme*, mais *Réforme sociale* (*Bruit*) : c'est le nom même de son organe, comme ce fut le titre de l'œuvre maîtresse de son fondateur. (*Un assistant : Le titre n'est rien !*)

Je souris, Messieurs, lorsque j'entends les superficiels représenter Le Play comme un sociologue réacteur. On ne peut fausser plus profondément la qualité de son génie et son rôle. Si personne ne rappela avec une sagacité plus ferme ce qu'on a nommé, je crois, l'autre jour, les lois fondamentales de la biologie sociale, les notions immuables dont les nations ne peuvent s'éloigner sans décadence... (*Oh ! oh !*), nul ne fut plus original, plus imprégné d'esprit scientifique, plus novateur. C'est lui qui a fait de l'économie sociale quelque chose de très différent des préconceptions subjectives comme des empirismes, une science véritable, en lui donnant la méthode moderne de toutes les sciences : l'observation. (*Applaudissements.*) C'est lui qui a créé, en la pénétrant de sympathie, l'étude précise des faits de la vie ouvrière, maintenant imitée par tous les chercheurs et tous les Offices du Travail. Ainsi, et par la confirmation que chaque jour apporte à ses vues, s'explique l'influence intellectuelle qu'il exerce trente et un ans après son livre, près de quinze ans après sa mort, en Europe, ou plutôt dans les deux mondes. Ses continuateurs sont voués à la propagande de toutes les nouveautés utiles, depuis celles qui ont pour but l'organisation des démocraties comme la représentation proportionnelle, jusqu'aux améliorations économiques de toute sorte : pour conquérir par exemple un changement dans une législation spéciale, celui qui vous parle n'a trouvé nulle part d'appui plus solide. Et que sont à proprement parler ces conférences ? La vulgarisation des travaux scientifiques d'une association qui n'a jamais interrompu des recherches positives de progrès. (*Applau-dissements.*)

C'est ce second aspect de notre programme que je suis chargé d'exposer ce soir. Les nobles orateurs à qui je succède avec crainte l'ont indiqué déjà, en particulier M. Picot, avec sa force de généralisation si pleine de pensée. Je dois préciser, établir que, loin de nous inspirer de ce qu'on a appelé la *Néophobie* ou le *Misonéisme*, la peur ou l'aversion du nouveau, nous repoussons l'Inertie comme l'Utopie, et par une raison commune : c'est que toutes deux attardent l'humanité. (*Applaudissements.*)

Pourquoi une si grande démonstration est-elle confiée au plus modeste soldat de notre cause? Peut-être (et ces explications appelleront sur moi votre indulgence) les partisans actifs d'une des réformes les plus pressantes et sur laquelle, je crois, nous sommes tous d'accord, la décentralisation revivifiante de notre France, ont-ils voulu accuser, dans l'union de la province avec Paris, la cohésion de cette patrie dont M. Anatole Leroy-Beaulieu vous a dénoncé les blasphémateurs avec une si haute éloquence. (*Applaudissements. — Une voix : Vive l'Internationale !*) Peut-être aussi, appelant au combat pour l'initiative individuelle et pour le progrès par la solidarité, ont-ils voulu citer devant vous comme témoin un *essayeur d'action* qui lutte depuis dix ans contre les fanatismes de *statu quo*, et prouver par un très humble exemple que, dans le champ du progrès, le plus faible peut faire sa journée, jeter quelques germes...(*Applaudissements.*)

L'effort libre et successif est-il un plus ou moins puissant instrument de progrès que les socialismes ?

Messieurs, ce mot de progrès, et même de progrès social, il est bien général et bien vaste. Qu'entendrons-nous au juste par là ce soir? Le progrès des sciences naturelles et physiques est un des facteurs du progrès social. Tous les progrès économiques sont des éléments du progrès social. Mais ces points de vue nous conduiraient trop loin. Bornons, circonscrivons les nôtres, en ce moment. Prenons le terme dans le sens de l'amélioration directe des conditions de la vie, spécialement pour les plus faibles et les moins bien dotés par la nature ou le sort parmi les hommes, c'est-à-dire pour le plus grand nombre.

Ce que nous avons à nous demander, le voici : ainsi entendu, le progrès social est-il possible par l'effort libre et successif de l'individu et de l'association des individus ? Cet effort est-il un instrument plus ou moins efficace que les conceptions qui visent à reconstituer, par une contrainte généralisée, la structure d'ensemble de l'organisation sociale ? (*Bruit. — Voix : Vive Mazas !*)

Théoriquement, c'est dans la première conception que nous constatons l'aptitude au progrès.

Théoriquement d'abord, rationnellement (car les idées doivent être à la base de toute démonstration, et puisque je parle devant de jeunes intellectuels, je suppose qu'ils aiment les idées), examinons par un peu d'analyse comment les deux doctrines offrent de faire du progrès, puis si elles y sont aptes.

La nôtre voit dans l'organisation actuelle des sociétés civilisées la résultante d'une évolution générale, car le fond est analogue sous les variantes. Elle constate, sur les faits, que cette évolution civilisatrice suit une tendance constante à une répartition plus étendue du bien-être et de la culture, à une solidarité plus active entre les hommes, à plus de justice dans leurs relations. L'œuvre du progrès lui apparaît comme consistant à seconder cette tendance, tantôt par la correction de défectuosités trop lentes à disparaître, tantôt par l'abolition d'obstacles, tantôt par des apports de formes plus exactes ou mieux adaptées. Pour cette œuvre, elle considère l'effort des individus, isolés ou associés, comme le facteur le plus puissant, l'intervention du législateur ou de l'État n'étant légitime et utile que pour soutenir cet effort s'il est débile ou le provoquer là où il fait défaut. (*Applaudissements.*) Au contraire, les socialismes (*Ah ! ah !*) — convenons, n'est-ce pas, que nous emploierons le mot au sens précis, non avec ces élasticités niaises qui aident aux malentendus en englobant sous le mot toute aspiration sentimentale au mieux social, — les socialismes voient l'organisation des sociétés dans un système tout d'une pièce, qu'ils condamnent comme faux, affirmant le pouvoir de le détruire pour lui en substituer un autre, les uns disent par la violence, les autres se contentent de dire par la loi.

Pour chacune de ces conceptions, recherchons quelle est l'aptitude à faire du progrès. (*Bruit.*)

M. le Président. — Il n'est pas possible d'interrompre à chaque instant l'orateur ; si vous voulez faire du bruit, allez-en faire dans la rue. (*Une voix : Il fait trop froid dans la rue ! — Une autre : Nous n'avons pas d'argent pour nous chauffer au café.*)

M. Rostand. — Tout d'abord, si la science expérimentale nous atteste que, nulle part dans le monde, la nature n'avance par bonds ou par ruptures, *non facit saltus*, mais qu'elle évolue, rien n'autorisera à imaginer qu'il en soit autrement pour les sociétés humaines, et de fait rien, dans leur histoire, n'autorise non plus à admettre cette possibilité.

Il suivra de là que rien ne nous permet d'attendre le progrès d'une refonte en bloc des sociétés par un *Fiat* subit ou par la force. Et inversement, il sera légitime de croire que l'organisation de ces sociétés puisse être constamment perfectionnée par une action intérieure, successive et divisée, de leurs membres, aidant les éléments morbides qu'elles renferment à s'éliminer, les éléments sains à se développer.

Je sais bien, — et je vais user là d'une véritable courtoisie vis-à-vis des adversaires qui m'interrompent si violemment, j'aurai soin de prendre les idées qu'ils croient défendre en leurs formules les plus récentes, — je sais bien que, pour échapper à ces évidences scientifiques, des théoriciens actuels prétendent voir dans le collectivisme un simple stade de l'évolution, se défendent de rêver une transformation intégrale ou soudaine, supposent même une longue période préparatoire et des acheminements. Mais, en consentant à discuter ces dénaturations — ésotériques, n'est-ce pas (*Rires*), faites pour le livre, non pour le forum (*Oh! oh!*), — on n'y trouve rien de cohérent. La preuve que la conception socialiste est bien celle d'une reconstruction à la fois *totale* et *contrainte*, c'est qu'elle justifie son impuissance pratique par ces caractères de sa solution ; c'est qu'elle dit toujours : « Je ne puis rien, parce que la reconstruction n'est pas totale et n'est pas obligatoire. » (*Voix* : *C'est très vrai.*) Et c'est encore qu'elle reconnaît, étant donnée la résistance universelle, la nécessité de forcer la transformation, que ce soit par la grève mondiale, par la révolution, ou au moins par la loi, car il s'agit de toute une civilisation à refondre. (*Oui, oui.* — *Non, non !*(Un savant égaré dans le Parlement répondait à des tentatives de ce genre pour concilier le socialisme avec l'évolution : « Je suis étonné que vous fassiez reposer les théories socialistes sur la doctrine de l'évolution. Vous ne possédez pas le caractère dominant sans lequel elle tombe et n'a plus de raison d'être, la passivité : vous voulez interrompre d'une façon brusque et violente la continuité sociale. » (*Un assistant : Qui a dit ça?*) — M. Lannelongue.

En second lieu, la science expérimentale nous apprend, comme la biologie pour la matière vivante, qu'à mesure que les races s'élèvent sur l'échelle de la civilisation, leurs membres tendent à se différencier de plus en plus. Plus la vie sociale se développe, plus elle s'éloigne de la simplicité rudimentaire des phases initiales. (*Bruit.* — *A la porte !*) — Ces idées ne peuvent vous choquer, voyons : nous sommes encore dans la théorie pure. — Progrès est synonyme de différenciation. Vous vous rappelez peut-être avec quelle force M. G. Le Bon a établi cette vue dans un essai récent sur *les Lois psychologiques de l'évolution des peuples.*

Allons-nous donc attendre le progrès d'une doctrine qui fait du progrès le contraire de la différenciation ? Ici encore, on proteste, — dans les livres bien entendu, — que le socialisme dit scientifique ne réclame plus l'égalité dans le travail et dans les jouissances matérielles, la reconnaissant chimérique ; il ne vise que l'égalité des hommes, d'abord pour l'obligation du travail, chacun faisant le travail qui répond à ses aptitudes, secondement pour une condition d'existence digne d'un être humain, la récompense devant être en proportion du travail effectué. Mais si alors on laisse reparaître certaines différenciations, il devient impossible même d'imaginer comment elles seraient compatibles avec le collectivisme, et aussi qui jugerait des aptitudes, qui proportionnerait la récompense au travail, etc.

Rien de plus clair, au contraire, que l'accord de la doctrine du progrès par le perfectionnement graduel et divisé des rouages de la civilisation avec les lois scientifiques de la tendance à la différenciation, de la spécialisation croissante, de la division du travail. C'est ainsi par exemple que se multiplient et se précisent chaque jour des combinaisons favorables au développement méthodique des instincts de prévoyance ou à l'application de l'idée de solidarité, instincts et idée qui se fortifient à mesure que les organisations elles-mêmes se perfectionnent.

Enfin, si nous regardons aux formes de progrès proposées par les deux doctrines, que voyons-nous ? Dans la nôtre, des formes sans analogue dans le passé, et toujours plus raffinées ; dans les socialismes, des formes déjà usées et réapparaissant sous des étiquettes rajeunies. (*Applaudissements.*)

Livrez-vous à cette comparaison. — Dans la socialisation de la terre ou des moyens de production, vous retrouverez plus d'un trait de la tribu, et je crois que, l'autre jour, M. Paul Lafargue vous a vanté le communisme des tribus sauvages. — Dans le lotissement de la commune rurale au profit d'usufruitiers, le régime du vieux *mir* russe. — Dans les prohibitions industrielles ou commerciales, par exemple dans le procédé (que proposait M. Jaurès au Parlement) de l'État unique importateur et acheteur des blés, les entraves accumulées pendant de longs siècles sur les routes du commerce et de l'industrie. (*Applaudissements.*) — Dans les syndicats obligatoires, contraignant tous les ouvriers d'un métier à s'affilier et dans l'enceinte du syndicat à subir la volonté d'une pluralité, les parties condamnées des anciennes corporations. (*Applaudissements.*) — Pour expliquer ces rétrogradations, ne pouvant les nier, on a inventé une prétendue loi de *régression apparente ;* l'aveu est formel, sous l'artifice du mot vous le sentez. — Par contre, vous aurez beau fouiller dans les organisations primitives, vous n'y découvrirez pas les inventions de la science sociale positive : ni les agencements multiformes de la coopération, ni les ingéniosités toujours renaissantes de la prévoyance des intéressés ou du patronage, ni les mécanismes des retraites et des assurances ouvrières pour lesquels il n'est pas trop de la technique des mathématiciens et des actuaires... outillages toujours plus précis, plus poussés, se succédant comme au daguerréotype de notre enfance les modifications de la photographie, ou le télégraphe électrique à l'aérien et à l'électrique lui-même le téléphone d'Edison. (*Applaudissements.*)

Ainsi, théoriquement, rationnellement, l'analyse des idées et l'observation nous conduisent à reconnaître la vraie aptitude au progrès dans la conception qui : 1° est en accord exact avec les lois scientifiques de l'évolution et de la différenciation; 2° nous présente des types neufs et en perfectionnement continu d'arrangements sociaux. (*Applaudissements.*)

A priori, nous sommes amenés à dire : c'est de ce côté-là que doit nous arriver le progrès.

En fait, c'est de l'effort libre que le progres est venu et vient.

En fait, c'est de là qu'il est venu, qu'il vient sans cesse à flots. Quittons les théories, descendons aux faits.

Je passe sur ce phénomène général... (*Bruit. — A la porte !*) — Mais, Messieurs, c'est la meilleure conférence que vous faites là, pour montrer quelle notion vous avez de la liberté et quelle destinée vous lui feriez !... (*Vifs applaudissements.*) — Je passe, disais-je, sur ce phénomène général que les grands progrès de chaque civilisation ont toujours été réalisés par une petite élite d'hommes, par exemple les découvertes qui ont hâté la marche de la nôtre, l'imprimerie ou la machine à vapeur.

Restons dans le cercle que nous avons circonscrit, et là, précisons. Je voudrais esquisser ce qu'a fait l'action individuelle pour le progrès social depuis un siècle. Mais comment? C'est trop vaste. Peut-être, un jour, sera-t-il plus facile de s'en rendre compte en parcourant les collections de types d'efforts libres qui s'appellent les musées sociaux, et par exemple cette nouvelle création de l'initiative privée, le musée Chambrun. Aujourd'hui je ne peux qu'énumérer en courant les principaux moyens d'action ou d'aide que l'initiative soit des intéressés eux-mêmes, soit de leurs frères plus avancés sur la route, a mis au service de toutes les phases de l'existence populaire.

Pour le *travail :* avec la liberté, force suprême, les inventions de toute sorte qui allègent les bras; les modes excitateurs de rémunération avec les variétés de primes à l'économie, à la production, à la qualité, à l'assiduité, à l'ancienneté; les sociétés promotrices et les organisations particulières de participation aux bénéfices avec distribution immédiate, différée ou mixte; les abréviations du travail de nuit; les ligues de repos hebdomadaire.

Pour la *production :* les sociétés coopératives de production, demain le travail au domicile de l'artisan par la transmission de la force à distance.

Pour la *vie industrielle :* les innombrables institutions patronales dont M. Hubert Brice a fait naguère avec des spécimens seulement tout un livre; les conseils d'usines, les chambres et les conseils d'explications, d'arbitrage, de conciliation, les procédés qui poussent à la stabilité des engagements.

Pour *l'épargne :* les caisses d'épargne libres, plus fécondes que les officielles, surtout dans les pays de libre emploi ; les autres combinaisons qui provoquent à l'épargne, les institutions de patrimoine ou de capitalisation. (*Un assistant: Que faites-vous des gens qui ont faim? — Un autre: Et vous ?. — Un autre : On les nourrit ; vous, vous ne le faites pas. — A la tribune!*)

Pour le *crédit :* les sociétés coopératives de crédit urbain ou rural, les banques populaires, les caisses agricoles, les mutualités professionnelles ou non de prêts gratuits ou à taux de faveur... (*Un assistant: Panama !*)... les sociétés de crédit aux associations de production.

Pour le *coût de la vie :* les coopératives de consom-mation... (*Un assistant : Mazas !*)... les sociétés d'achat en commun de matières premières, de provisions, d'outils ; les sociétés d'alimentation à bon marché, les boulangeries ou les boucheries coopératives, les économats, les restaurants populaires, les entreprises de transports à bas prix

Pour le *logement...* (*Bruit. — Un assistant : Les voyageurs pour Mazas en voiture !*)... les sociétés ordinaires ou coopératives de construction ou de crédit pour construction de maisons à acquérir ou à louer, les prêts amortissables pour construction, les assurances-vie pour solidifier l'acquisition du foyer, les sociétés facilitant l'acquit du loyer par l'épargne, par le paiement fractionné ou par le prêt.

Pour l'*instruction :* avec les écoles de toutes sortes, primaires, professionnelles, d'apprentissage, techniques, les sociétés d'enseignement professionnel comme la belle Société de Lyon, les bourses d'apprentissage et d'écoles, les sociétés de lectures populaires ou de cours du soir, les bibliothèques circulantes, les œuvres d'Extension universitaire.

Pour les *voyages :* les bourses de voyages, les colonies de voyageurs.

Pour les *risques :* les sociétés de secours mutuels... (*Un assistant : Et ceux qui meurent de faim ?*), les sociétés ordinaires, mutuelles ou coopératives, d'assurances ouvrières contre la maladie, les accidents, l'incendie du petit mobilier, la vieillesse, le décès, demain (je l'espère) le chômage involontaire ; les sociétés de prévention, d'atténuation ou de réparation des accidents ; les efforts pour accroître sans cesse la sécurité dans les industries et dans les mines.

Pour l'*hygiène :* les œuvres d'assainissement des villes, les sociétés de bains, de douches, de lavoirs à bon marché ; les sociétés et les ligues de défense

contre l'intoxication par l'alcoolisme. (*Un assistant :
Vive l'absinthe !*)

Pour la *maladie :* les hospices richement dotés
d'installations et de science, les dispensaires, les sa-
natoria, les hôpitaux spécialisés contre la phtisie par
exemple, les policliniques, les défenses contre la
morbidité professionnelle, les maisons de convales-
cence.

Pour les *infirmités* : les écoles, les asiles, les ateliers
de sourds-muets ou d'aveugles... (*Rires.*) — Si l'infir-
mité du pauvre vous fait rire, je vous plains ! (*Applaudissements.*) Je vous renvoie aux *Emmurés* de Descaves :
vous suivrez là ce qu'est la vie de l'aveugle. (*Applaudissements.*)

Pour les *crises de chômage :* les services de placement,
les adjonctions de travaux agricoles aux travaux industriels, les sociétés d'assistance par le travail, en
attendant demain celles d'assurance contre le chômage involontaire, les colonies agricoles, les organisations de prêts sur l'honneur.

Pour la *faiblesse de l'enfance :* les sociétés de protection et de sauvetage des maltraités, des exploités, des
moralement abandonnés, les crèches, les salles ma-
ternelles, les orphelinats, les jardins d'enfants, les
cuisines et les cantines scolaires, les colonies de va-
cances, les dispensaires et les hôpitaux spécialisés,
les sociétés de défense en justice, de patronage, de
placement, d'engagement militaire des jeunes détenus ou libérés, toutes les formes d'associations amies
de l'enfance, jusqu'à celles de jouets ou de fleurs pour
les petits malades.

Pour la *faiblesse féminine :* les fondations de dots de
jeunes filles, les sociétés protectrices, les mutualités,
les maternités, les sociétés d'allaitement, les combinaisons de repos des accouchées avec salaire.

Pour la *vieillesse :* les associations qui facilitent
l'assurance ou les versements de retraites, les innom-

brables caisses de pensions, les asiles, les maisons de retraite.

Pour la *mort* : l'assurance-vie, les caisses de funérailles, les mutualités du franc au décès, et mille autres. (*Bruit. — Un assistant : Et les bureaux de tabac ?...*)

Ah ! cette énumération est bien sèche, elle est bien aride. Mais chaque mot a évoqué, a fait passer devant vos esprits des myriades de souvenirs, de créations, de faits, d'actes, de résultats.

Et à toutes ces combinaisons de la prévoyance, il faudrait ajouter celles de la bienfaisance pure pour les cas de *misère* : œuvres d'assistance préventive contre la détresse commençante ou qui se cache, sociétés philanthropiques ou de charité, aides contre le froid, la faim ou le manque d'abri, bouchées de pain, hospitalités de nuit... — Et aussi pour les cas de *chutes morales* : les sociétés de patronage et de relèvement...

Quelle œuvre immense ! L'initiative individuelle a accompli tout cela en prenant les hommes tels qu'ils sont, en acceptant les inégalités naturelles au point de départ, en aidant à les diminuer dans la mesure du possible par un appel simultané aux énergies d'une part, de l'autre à la fraternité humaine, en subissant les lois mystérieuses de la concurrence et de la sélection des mieux doués et des plus vaillants, mais en corrigeant leurs effets par l'effort de solidarité. (*Vifs applaudissements. — Bruit. — Un assistant : Parlez, jeune homme, vous nous amusez ! — Un assistant : Continuez, voyons !...*) Je continuerai quand vous vous tairez. (*Un assistant : Nous vous donnons la parole. — Un assistant : Applaudissez-le pour l'encourager ! — Murmures. — A la porte, les fainéants !*)

M. le Président. — Voilà la liberté que nous promettent les socialistes ! (*Un assistant : Vive la canaille ! — Un assistant : A bas les exploiteurs ! — Chant de la*

Carmagnole). La grande majorité de cette salle veut entendre, veut écouter. C'est une minorité qui cause du trouble. (*Un assistant : Ils sont payés !*)

Les résultats sont-ils insignifiants ou lents?

M. ROSTAND. — Mais, dit-on, l'action individuelle, restreinte par les égoïsmes, ralentie par les inerties, gênée par la concurrence, est impuissante. S'emparant naguère du généreux avertissement de M. Picot que nous n'avons pas encore fait tout notre devoir social, un polémiste célèbre, attaquant ces conférences, écrivait : « Si tous les hommes suivaient ces conseils, oui, le progrès s'accomplirait ; mais, puisque trop peu le font, vous voyez bien que la coaction légale ou révolutionnaire est indispensable. »

En fait, qu'en a-t-il été de la soi-disant impuissance de notre doctrine?

Le régime social qui s'en inspire a eu pour effets généraux, en France et dans tout le monde civilisé, car dans une mesure plus ou moins étendue les effets sont les mêmes partout : que les salaires du travail manuel n'ont cessé de s'élever, c'est-à-dire que la part relative de la main-d'œuvre dans le produit brut industriel ou agricole s'est accrue ; que le pouvoir d'achat de ces salaires a augmenté, le prix des principales marchandises de première nécessité ayant diminué ; que le peuple est mieux nourri, mieux logé, mieux vêtu ; que le loyer de l'argent a baissé... (*Un assistant : Oh ! non alors !*)

Vraiment? (*Hilarité.*) Eh bien, Messieurs, puisque le sociologue qui vient de m'interrompre (*Rires. — Bravos*) affirme devant cette salle comble que le loyer de l'argent n'a pas baissé, je l'invite à venir à cette tribune, et je lui cède la parole. (*A la tribune ! à la tri-*

bune! — *L'interrupteur monte à la tribune, s'entretient avec l'orateur et le président. — A la porte! à la porte!*)

M. LE PRÉSIDENT. — Je viens de prier l'interrupteur qui est monté sur l'estrade de s'expliquer sur le loyer de l'argent. Il m'a déclaré qu'il n'avait rien à dire du loyer de l'argent. (*Rires.*)

L'INTERRUPTEUR. — Pardon, j'ai dit que je parlerais de ça et d'autre chose.

M. LE PRÉSIDENT. — Dans ces conditions, je refuse de lui donner la parole. (*Clameurs.*)

(*Un autre interrupteur est amené de force à la tribune. Il en descend presque aussitôt. — Bruit prolongé de cannes et de pieds frappant sur le plancher.*)

M. ROSTAND. — Messieurs, est-ce que vous ne croyez pas que nous aurions mieux à faire ce soir? M. Jaurès donne des conférences; nos amis s'engagent bien volontiers à ne pas faire de l'obstruction contre lui comme vous la faites contre nous. (*Applaudissements.*)

Je reprends donc. L'incident est né de ce que, rappelant les phénomènes généraux qui attestent les résultats de progrès obtenus dans toutes les sociétés civilisées depuis un siècle, j'avais cité, après d'autres, celui de la baisse du loyer de l'argent. J'ajoute : la propriété foncière et mobilière s'est répandue en des millions de mains, et (fait capital qu'aucun de vous ne déniera), la durée moyenne de la vie humaine a monté. (*Applaudissements.*)

Sont-ce des progrès que ces faits généraux, constatés par des statistiques indéniables ?

Descendons aux solutions particulières que nous avons vues sortir de l'initiative individuelle pour améliorer la vie populaire dans chacune de ses phases. Sont-elles de pauvres, de maigres, de rares et frêles tentatives ?

Je prends l'amélioration du logement ouvrier... (*Un assistant : Pour ceux qui en ont!*) En Angleterre, au

1er janvier 1893, 2,372 associations populaires, comp-
tant 587,856 membres, s'employaient sous le nom de
Building societies à l'acquisition du foyer par l'épargne ;
leur actif représentait près de 50 millions de livres
sterling, soit en chiffres ronds 1 milliard 250 millions de francs ; elles avaient avancé 47,703,054 livres.
A côté d'elles les cinq grandes sociétés philanthropiques créées à Londres avaient jeté dans cette
œuvre de solidarité plus de 150 millions. (*Applaudissements.*) Aux États-Unis, 5,838 *Building and loan associations* accomplissaient la même tâche ; leur avoir général s'élevait, lors du dernier rapport du Commissaire
du Travail, à 2,258 millions de francs.

Je prends l'aide au progrès moral. En Angleterre,
je constate que quelques années ont suffi aux associations de patronage, de tempérance, d'évangélisa-
tion, pour réduire la criminalité au point que le
nombre des détenus est descendu de 20.400 à 12.700.
(*Applaudissements.*)

Je prends la vie à bon marché. Je compte en Angleterre 1,655 sociétés coopératives de consommation,
dans lesquelles se classent 1,298,600 adhérents. Elles
ont fait, dans le dernier exercice vérifié, pour
1.260 millions de francs de ventes, leurs bénéfices
s'élèvent à 116,900,000 francs ; à elle seule, celle de
Rochdale, ce glorieux modèle qu'il faut saluer partout où l'on parle de l'action individuelle (*Applaudissements*), a passé des 28 ouvriers tisserands de son
début à 12,000 membres (en Allemagne, il y a des
sociétés de 20,000 et 30,000 membres), et d'un avoir
de 700 francs à 10 millions de francs. — En France
même, je relève en ce moment 1,089 coopératives de
consommation, 1,500 syndicats agricoles, 9,662 sociétés de secours mutuels avec 1,500,000 membres.
(*Applaudissements.*)

Je prends l'épargne. C'est par milliards que se
chiffre le stock des dépôts populaires dans les cais-

ses libres des grands pays d'Europe et d'Amérique.

Je prends le crédit. C'est près de 5,500 associations de crédit populaire que je rencontre en Allemagne, avec un mouvement annuel d'opérations qui représente des milliards de marks.

Appelez-vous tout cela des progrès isolés ou insignifiants ? (*Vifs applaudissements.*)

Ce qui est vrai, c'est que la France a dans ces voies un effrayant arriéré. (*Ah! ah!*) Mais qui est-ce qui le dit plus haut que l'école de la réforme sociale, et qui le dit depuis plus longtemps qu'elle? (*Un assistant : Qu'avez-vous fait? — De toutes parts : Et vous?*) Cet arriéré tient à bien des causes, à un excessif centralisme, au défaut d'initiative, à la témérité dans l'utopie, à la timidité dans la raison, et aussi au genre d'action que vous pratiquez en ce moment. (*Longue salve d'applaudissements.*) Voilà pourquoi M. Picot avait raison de s'écrier, avec la noble sincérité de conscience qui m'a attaché à lui : « Nous devons avoir le courage d'avouer que, jusqu'ici, nous n'avons pas fait ce qui incombe aux citoyens actifs d'une société vivante et libre. »

Et cependant, en France même, que de progrès! Relisez ce qu'un maître de la science, de la science désintéressée, M. Levasseur, a écrit sur les progrès réalisés par le régime de la production libre, en ce siècle, dans notre pays, pour le vêtement, pour le logement, pour les matière industrielles, pour les machines, pour les moyens de transport, pour le commerce, pour l'épargne, pour le taux de l'escompte, pour les subsistances, pour les salaires, pour l'aisance générale; c'est énorme! (*Applaudissements.*)

Mais le progrès obtenu par l'action individuelle est trop lent, objecte-t-on encore. Réfléchissez-y cependant. Des gigantesques changements dont je viens de citer les exemples, en est-il un seul qui remonte à plus de quatre-vingts ou cent ans ? (*Non, non.*) En France, et pour ne parler que des organisations spéciales dont j'ai mis tout à l'heure sous vos yeux une simple nomenclature, qu'est-ce qui existait, sauf pour la charité pure, il y a un siècle, pour la plupart il y a 50 ans, pour beaucoup il y a 30, 20, 10 ans ? (*Applaudissements.*) Feuilletez les rapports des commissions ouvrières à la suite de l'Exposition de 1867 : vous verrez que presque tous les desiderata de ces cahiers sont devenus des réalités en 1895.

Et chaque jour, observez-le, l'œuvre colossale se perfectionne, se précise, je dirais volontiers se raffine. A la suivre dans le détail, et c'est devenu difficile, on en éprouve une espèce de généreux vertige. Là aussi le progrès technique est admirable. Des merveilles d'ingéniosité, de dévouement, d'esprit de suite, de persévérance, de science (car toute une science du Mieux social se constitue), s'effectuent sans trêve, sans bruit, aussi silencieuses que les utopies sont bruyantes !... (*Vifs applaudissements.*)... Et, sans nombre, des milliers d'associations, de congrès, de ligues, des millions d'individualités, travaillent à cette splendide tâche.

Et vous voulez que nous n'ayons pas foi en l'amélioration successive des points caducs ou viciés de l'organisation sociale, par cette énorme, par cette infatigable action ? (*Applaudissements.*)

L'examen des faits me force d'aller plus loin. L'action individuelle est souvent même génératrice du progrès par la loi. Les exemples abonderaient.

En Angleterre, est-ce que ce n'est pas à lord Shaftewsbury, aux initiatives de cette vie magnifique qu'on ne peut lire sans émotion, à ces efforts de cinquante ans, que des millions de faibles, femmes ou enfants, ont dû les protections des Factory bills ?

En France même, et pour ne parler que du moment présent, de quoi s'est inspirée la loi du 2 novembre 1892 sur la protection du travail de l'ouvrière, sinon du livre révélateur, de la propagande impulsive de Jules Simon? (*Vifs applaudissements.*)

Et cette clause de la loi assurant le repos avec salaire aux accouchées, qui n'a pas été votée, je crois, qui le sera sous quelque forme un jour ou l'autre, comment était-elle venue à l'esprit des législateurs, montée jusqu'au seuil des Chambres et à la discussion parlementaire, si ce n'est par l'initiative du grand manufacturier philanthrope Jean Dollfus... (*Un assistant : Un exploiteur! — Bruit.*)... Jean Dollfus, frappé un jour des dangers que causait à ses ouvrières une reprise trop prompte du labeur manuel après les couches, et leur maintenant, à ses frais, le salaire pendant un temps de repos ? (*Applaudissements.*)

Et n'est-ce pas des expériences courageusement engagées à leurs risques par des sociétés locales qu'est issue la loi du 30 novembre 1894 sur les habitations à bon marché? et plus directement encore, de l'élaboration d'un texte législatif par la *Société française des habitations à bon marché* que préside M. Picot (*Vive Picot!*), et de la ténacité qu'a mise à faire adopter ce texte avec les transactions inévitables le président initial de la Société. M, Jules Siegfried?

Et d'où sortira, j'ose le dire, si elle est sérieuse, notre législation sur les accidents du travail, sinon de la vaste contribution de traductions, de documents, de statistiques, d'enquêtes, de discussions fournie depuis six ans par les congrès et le Comité permanent international des Accidents du travail, sinon aussi des types pratiques de réalisation, comme cette Caisse d'assurances mutuelles des Forges de France, créée par M. Albert Gigot, et qui donne déjà à tous les ouvriers de l'industrie du fer le bienfait promis depuis dix ans par un projet de loi générale vingt fois remanié? (*Applaudissements.*)

Ainsi il est indéniable que même le progrès accompli par la loi est fréquemment dû à l'action individuelle. Tantôt elle le devance, le suscite, le prépare ; tantôt elle le mûrit et le hâte ; tantôt elle le crée. Il est rigoureusement exact de dire que, sans elle, bien des fois il ne serait pas né, il ne naîtrait pas ! (*Applaudissements.*)

Contre-épreuve : qu'est-il sorti des socialismes ?

Messieurs, j'aborde ici une partie délicate de ma tâche ; j'ai besoin de demander à la continuité et à l'âpreté des interruptions un peu de trêve et de répit. J'aurais voulu, en effet, après ce tableau, laisser vos esprits d'eux-mêmes tirer la déduction. Mais l'accusation d'impuissance, de stérilité, est trop agressive, trop répétée. Il faut bien demander à ceux qui la présentent sous toutes les formes : aux difficultés ou aux souffrances de plus en plus atténuées ainsi par la conception du progrès successif, quelle solution offrent les doctrines inverses ? Qu'est-il sorti, comme progrès, de ces solutions ? Vous sentez pourquoi je demande votre indulgence... (*Un assistant : L'indulgence plénière !*)... ou au moins l'attention que j'accorderais, quant à moi, à M. Jaurès si j'avais le plaisir de l'écouter. (*Applaudissements.*)

Quelle que soit la difficulté sociale sur laquelle on les interroge, les doctrines de reconstruction totale et contrainte ont deux réponses : l'une absolue, l'autre provisoire.

La réponse absolue consiste à ajourner au lendemain de la reconstitution du monde sur cette base : la socialisation de tout, la production et la distribution sous la conduite unitaire d'un État représenté par des comités directeurs. Il n'y a plus là ni épargne, ni crédit, ni propriété, ni chômage, ni héritage, ni misère ; dès lors tous nos problèmes disparaissent...

(*Un assistant : Il n'y a plus que des braillards ! — Rires.
— Un assistant : Il n'y a pas de panamistes !*) Comment
cela? Je n'essaie pas de comprendre, on refuse de
l'expliquer, ou, dès qu'on aborde une explication,
nous perdons pied dans l'irréel, dans l'incompré-
hensible. D'ailleurs, comme l'humanité refondue sera
alors dans un état définitif ou quasi définitif, le mot
de progrès, lui aussi, n'a plus de sens; les deux notions sont contradictoires. (*Bruit.*) En sorte que nous
ne pouvons, sur cette réponse absolue, comparer la
vertu progressiste des deux conceptions. Tout au plus
nous est-il permis de dire que nous ne saurions nous
rendre compte, qu'on se dérobe à toute explication
précise, que la seule perspective nette est celle de
quelque chose qui est, pour l'homme civilisé, le contraire même du progrès, c'est-à-dire un universel
asservissement. (*Vifs applaudissements. — Un assistant :
Nous ne sommes pas des esclaves !*).

Mais les socialismes... Oh! Messieurs, j'éviterai
toute parole irritante. Nous discutons ici des idées;
je tâche, au milieu des difficultés que certains d'entre
vous me créent, de suivre un parallèle d'idées, et,
tout à l'heure, celui d'entre les interrupteurs qui
est monté à la tribune a bien voulu reconnaître
que j'y apporte une sérieuse documentation. Je l'invite à le reconnaître tout haut, puisqu'il l'a dit tout
bas.

L'interrupteur. — Je le reconnais; mais nous avons
protesté parce qu'auparavant on nous a attaqués sans
que nous puissions répondre.

M. Rostand. — Je disais, Messieurs, qu'après cette
réponse absolue, que j'appellerai la réponse du Millénaire, les socialismes en ont une autre : en attendant
le Millénaire, ils offrent des progrès transitoires,
linéaments des définitifs. Je les énumère, par opposition à ceux que j'ai énumérés tout à l'heure. Je n'y
ajoute rien. (*Bruit.*) Voyons, vous pourrez bien sup-

porter l'énumération des progrès que vous déclarez
tous les jours poursuivre !

Pour l'*enfance* : l'entretien et l'éducation par l'État
et les communes, de plus en plus envisagés comme
supérieurs à la famille.

Pour le *travail* : une réduction indéfiniment croissante, et la sujétion à des syndicats omnipotents, en
attendant les comités d'État.

Pour la *propriété* : une dépossession graduelle, tantôt par l'impôt, tantôt par l'expropriation avec ou
sans rachat, le terme à atteindre étant l'appropriation
collective. (*Un assistant : En voilà des clichés !*) — Si ce
sont des clichés, ils sont à vous, puisque je copie !
(*Rires et applaudissements.*)

Pour les *rapports industriels* : des réglementations
d'Etat, étendues même à la circulation commerciale,
et, dans les cas de désaccord, des grèves, avec pouvoir d'imposer le chômage à qui ne le veut pas.

Pour la *coopération* : un rôle transitoire, procurer le
fonds de guerre pour la lutte de classes, ce qui se
passe en Belgique ; n'est-ce pas exact ? (*Applaud.*)

Pour l'*épargne* : l'affirmation qu'elle est impossible,
ou qu'elle est coupable, et si elle se forme, sa tradi-
tion à l'État.

Pour la *répartition des fruits de la production* : la resti-
tution de la plus-value marxiste du travail à la main-
d'œuvre, le capital étant parasite et l'intelligence
n'ayant droit qu'à une part secondaire. (*Rires.*)

Pour le *crédit* : le crédit universalisé et gratuit, car
l'intérêt est illégitime, et la distribution du crédit
par une banque d'État.

Pour les *risques* : l'État assureur universel.

Pour le *logement* : en attendant la nationalisation
des immeubles et le roulement des habitations par
tirage au sort (*Rires*), le logement gratuit par construction, location ou caution de l'État et de la commune.

Pour les *chutes morales :* la négation des délits, qui ne sont pas les fruits du libre arbitre, qui sont des suites des conditions de race et de milieu. (*Bruit.*) Eh ! Messieurs, lisez les livres d'Enrico Ferri, le député-professeur socialiste italien.

Pour le *chômage :* le monopole du placement aux syndicats (vous savez qu'à Paris ils viennent de protester même contre la publication gratuite des offres et demandes d'emplois), les ateliers communaux ou nationaux, l'assurance contre tout chômage, même volontaire, sur les budgets publics.

Pour la *misère :* des subventions illimitées sur les budgets publics.

Pour la *vieillesse :* les retraites d'État à un âge toujours moins avancé, la mise à la charge de la commune ou de l'État des vieillards et des invalides. (*Applaudissements.*)

Voilà quelques-unes des solutions transitoires qu'offrent les socialismes pour le progrès, en opposition à celles que je vous ai montrées réalisées par l'action libre. Elles se révèlent une à une, occasionnellement ; mais je les ai toutes empruntées à des textes authentiques, et je suis documenté au cas où on les contesterait. Si on les juge en fait par celles qui ont été traduites en essais, par exemple les ateliers publics ou les grèves, nous sommes, je crois, en droit d'affirmer qu'il est impossible d'en attendre le moindre progrès ; chacune correspond à quelque forme éliminée par la civilisation. (*Applaudissements.*)

Mais, quoi qu'il en soit de cette affirmation bien réservée dans les termes, nous pouvons demander maintenant : ainsi armés, armés de ce rêve de solution absolue et de ces solutions transitoires, qu'ont produit, en fait, les socialismes, comme progrès ?

Dans le passé, rien.

Dans le présent, rien. (*Un assistant : A Roubaix !*) — J'y viendrai tout à l'heure, à Roubaix !

Les socialismes maximent quelquefois ce néant. C'est ainsi que Bebel a dit : « Il ne faut pas que les plaies sociales guérissent. » Et pour vous apporter un très humble souvenir personnel, je me rappelle qu'au congrès international des assurances sociales à Milan, lorsque j'ai voulu introduire devant l'élite des compétences européennes, pour qu'elle cheminât, la question de l'assurance contre le chômage involontaire, question neuve qui n'a été l'objet encore que de quelques essais en Suisse, le socialiste le plus tapageur du congrès, M. Lazzari, qui ressemble d'ailleurs beaucoup aux socialistes français (*Rires et applaudissements*), ce jour-là ne parut point. Je l'attendais; j'espérais que, sur cette question poignante de la vie ouvrière, le chômage que j'appellerai innocent, il viendrait chercher, discuter, proposer; il n'en fut rien; M. Lazzari ne vint pas. (*Applaudissements ironiques.*)

Mais la vérité est que la stérilité est l'effet du système.

Et quand, par hasard, quelque nécessité inéluctable force d'agir, c'est pour produire quoi?... de deux choses l'une : ou de pâles copies, ou du recul. (*Applaudissements.*) Ici encore je n'apporte aucune affirmation sans exemples actuels, et que vous puissiez tous vérifier aisément. (*Un assistant : Vos amis ont refusé 5 millions contre le chômage ! — A la porte ! à la porte !*)

Des exemples de copies. — Nous avons sous les yeux à Marseille... (*Ah ! ah ! Un assistant : Tu n'es pas de Marseille, toi !*) — Mais oui, justement j'en arrive, de Marseille, et si l'interrupteur veut me permettre de l'y conduire, je m'engage à lui montrer sur le vif une curieuse expérimentation de socialisme municipal, et peut-être en reviendra-t-il moins enthousiaste aux leçons de M. Jaurès sur l'idéalisme. (*Vifs applaudissements.*)

Je disais donc, pour vous apporter des spécimens de ce que j'ai appelé des copies, que nous avons sous les yeux, à Marseille, depuis trois ans, une expérimentation de socialisme municipal. Qu'allègue ce socialisme comme titres, en ce moment même? Une taxation du pain, et quelques cantines scolaires. La taxe du pain, vous savez, Messieurs, si c'est neuf. Les cantines scolaires fonctionnent dans des villes qui n'ont rien de socialiste, Genève par exemple; la seule différence, c'est que là, par l'action libre le plus souvent, elles fonctionnent bien, et qu'à Marseille elles fonctionnent mal. (*Applaudissements.*)

Vous avez remarqué, dans les congrès socialistes, quelques idées qui avaient l'air de sortir du cadre : le repos d'un jour par semaine; le vœu que la femme travaille surtout au foyer; l'interdiction du travail de la femme pendant la quinzaine des couches ; la protection du travail féminin et infantile. Mais tout cela, ce sont les économistes ou les sociologues qui y ont appelé l'attention, et souvent en l'appuyant de démonstrations pratiques comme celle que je vous ai citée tout à l'heure de Jean Dollfus pour la femme. (*Bruit.*) De même, à Saint-Ouen, à Roubaix où l'on m'appelait tout à l'heure, nous entendons parler de suppression des octrois, d'hospitalisation ou d'assistance à domicile des vieillards ou des orphelins, d'asiles de nuit, de réforme des bureaux de bienfaisance ; mais à ces questions qui sont connues... (*Un assistant : Pourquoi les empêchez-vous d'aboutir alors ?*), les socialismes apportent-ils aucune solution neuve ou préférable? Rien que des à peu près mal combinés, ou surtout la notion commode, mais fausse et paupérisante, de tout faire payer au budget de la commune. (*Applaudissements.*)

Voilà des exemples de copies. Je vous donne maintenant des exemples de recul. — Nous avons eu naguère une épidémie de variole (et s'il y a dans la

salle des étudiants en médecine, l'épisode les inté-
ressera) dans un quartier ouvrier de Marseille ;
quand on voulut y installer une étuve, la population
menaça de la briser, et le municipe socialiste l'en-
leva. (*Un assistant : Il a bien fait ! — Bruit. — Oh !
oh !*) — Nous exécutons une œuvre d'assainissement
du sous-sol. Des œuvres de ce genre devraient être
principalement soutenues par qui prétend défendre
le peuple. D'une part les familles ouvrières sont les
plus gravement menacées par les maladies transmis-
sibles et les épidémies meurtrières, affections ty-
phoïdes, diphtéries, choléras. D'autre part, les frais
énormes qu'exigent ces éventrements féconds des
cités pèsent infiniment moins sur les familles ouvrières que sur les contribuables moyens ou aisés, et
en tout cas, dans une proportion bien inférieure à la
proportion du profit qu'elles en retireront par rapport aux autres catégories de la population. Que,
parmi les habitants bourgeois, parmi les propriétaires qui se protègent plus facilement contre les
épidémies, ou qui auront à payer sous forme de
taxes diverses presque tout des dépenses de l'éven-
trement, beaucoup se laissent aveugler par l'égoïsme
immédiat, cela peut se concevoir, sinon s'excuser.
Mais qu'au nom des petits, des ouvriers, on oppose à
des tâches d'urgence populaire tous les obstacles,
tantôt des résistances actives, tantôt de l'inertie,
voilà non seulement l'illogisme, mais un spécimen de
l'esprit de recul. (*Applaudissements.*)

Les socialismes accusent la conception du progres
successif de stérilité, d'insignifiance, et ils l'accusent
de lenteur. — De lenteur ?... Mais il y a des siècles
que sous des noms variables ils proposent leurs solutions expéditives ; depuis cent ans, que peuvent-ils
mettre en regard de l'œuvre immense que nous
avons constatée ? — D'insignifiance ? Mais, pour procurer au peuple un progrès déterminé quelconque,

qu'ont fait Karl Marx, Lassalle, Henry George, M. Guesde, M. Jaurès?... Des livres, des articles, des discours... (*Un assistant : Des phrases !*), ce que j'appellerai des combinaisons verbales ou scripturaires ! (*Applaudissements répétés.*) C'est tout, c'est tout ! Ont-ils seulement jamais, comme les anciens communistes qu'ils traitent dédaigneusement de sentimentaux, tenté au loin, sur quelque terre vierge, la réalisation intégrale de leur plan, s'ils n'en peuvent rien détacher de partiel ou d'applicable ? Puisqu'ils expliquent tout mal en ce monde par l'appropriation individuelle du sol, ont-ils jamais demandé dans nos colonies, occupé dans la vaste Afrique le sol cultivable disponible pour une appropriation collective ? (*Applaudissements.*)

La science expérimentale est fondée à leur dire : si, de vos hypothèses, vous n'avez jamais tiré même un commencement de preuve par l'acte, c'est ou bien qu'elles exigent une exécution en bloc à laquelle résiste la nature vivant selon ses lois d'évolution, ou bien qu'hommes et choses ont toujours invinciblement répugné à des essais partiels dont ils craignent que la stérilité ne serait pas inoffensive, mais risquerait de gaspiller les fruits accumulés du progrès même, de compromettre l'acquis de la civilisation (*Applaudissements*); car s'il faut beaucoup de temps pour fonder, il suffit de peu pour détruire !

En ce sens, le fait même de l'inapplication absolue est une condamnation, surtout placé en face de la magnifique végétation spontanée de l'action libre. (*Applaudissements.*)

Et combien cette action n'aurait-elle pas fait davantage encore si, depuis cinquante ans, les sophismes d'une reconstruction sociale par la violence ou la loi n'avaient, en hallucinant les foules, contrarié, ralenti, entravé ses efforts ! (*Applaudissements.*)

Supposez maintenant, Messieurs, qu'elle s'étende

toujours davantage, ce qui dépend de nous, et c'est plus facile, en tout cas, que de refondre le monde ou les hommes ; supposez que le concours du peuple y aide, — et il y aiderait avec une puissance inestimable ; — supposez que, sur des points de plus en plus nombreux de notre pays, par exemple, une quantité constamment croissante d'individualités énergiques poursuivent cette œuvre (et du mouvement des esprits en cette fin de siècle peut naître une marche orientée vers ce but). Ne vous apparaîtra-t-il pas de plus en plus que toutes les difficultés sociales ne dépendant pas de causes naturelles invincibles peuvent être aplanies ou atténuées, non par la violence qui produirait un saut dans les ténèbres, mais par la libre collaboration de l'individu et de la collectivité? (*Applaudissements.*)

Et si ces corrections des défectuosités, ces recherches de libres combinaisons soutenues par la loi en sa légitime sphère, sont poursuivies parallèlement, sur un plan systématisé et harmonique, n'apercevrez-vous pas là une doctrine capable de rapprocher la condition d'existence d'un nombre toujours croissant d'êtres humains de ce que les Anglais appellent un *standard*, un type de condition qui ira s'élevant sans cesse avec le développement de la civilisation générale ? (*Applaudissements.*)

Coopérer au progrès est non seulement possible, mais facile à chacun : exemples, méthode

Messieurs, si j'ai démontré, comme je l'espère, directement et par une sorte de contre-épreuve... (*Bruit. — Un assistant : Allez-vous-en, si la démonstration vous gêne*); si j'ai démontré, dis-je, que l'action individuelle est apte à faire du progrès, qu'elle en a réalisé dans une mesure énorme, qu'elle en est le facteur le plus puissant, je voudrais établir, car nous poursuivons ici un but pratique, que coopérer à cette élaboration, à ce perfectionnement continu des organisations sociales, est non seulement possible, mais facile à tous et que le plus modeste d'entre nous y peut apporter sa part.

Un jeune observateur dont vous connaissez le nom, M. Max Leclerc, au retour d'un voyage en Angleterre, a tracé ainsi la genèse du progrès dans ce pays :

« L'histoire se répète ici chaque fois, passant par les mêmes phases. Quelques hommes d'initiative constatent une nécessité sociale qui n'est pas satisfaite ; ils sentent que le public commence à la deviner, peut être amené à la comprendre. Ils entament une campagne, une agitation, mettent en branle l'opinion par la presse ou les meetings; l'opinion réclame la réforme; l'État lève le doigt pour permettre qu'elle s'accomplisse ; il pose quelques conditions, assure le contrôle, puis rentre dans l'ombre, et l'autorité locale est chargée de l'exécution. Alors ceux qui ont lancé l'idée, volontaires constitués en association sous la présidence d'un homme dont le caractère impose la confiance, se remettent à la tâche. Il ne leur suffit pas d'avoir fait triompher leurs idées, ils ne ménagent pas leurs peines pour en surveiller l'application. »

Il pourrait en aller de même en tout pays. La méthode consiste à aborder en face, sur le terrain circonscrit où chacun se trouve placé par la destinée, telles ou telles difficultés sociales, à chercher, par l'observation, par la réflexion, par l'examen comparé des faits similaires chez d'autres peuples, les solutions pratiques dont elles sont susceptibles, et à entreprendre ensuite, sans compter avec les obstacles où sa propre faiblesse, un effort qui n'a rien d'empirique, puisqu'il est déterminé par un ensemble de principes et d'expériences. (*Applaudissements.*)

Si j'avais le temps, je vous demanderais la permission, ici encore, d'illustrer la théorie par quelques faits, pris de préférence dans notre pays, de décrire par exemple d'admirables efforts engagés à Paris même, où à Lyon, ou plutôt ce que je connais mieux, les modestes essais qu'avec quelques amis nous avons entamés à Marseille depuis 1886. Oh! Messieurs, c'est un bien chétif exemple, et je m'excuse d'en parler. Mais l'humilité même des agents de l'effort encouragera peut-être ceux d'entre vous, les jeunes principalement, qu'agite, généreuse jusqu'en ses déviations et ses erreurs, la passion de travailler pour ses frères en humanité. (*Applaudissements.*) L'heure avance, je me borne à des mentions cursives.

Dans l'ordre des progrès généraux, les circonstances nous ont amenés à nous occuper de l'épargne et du crédit. — Pour l'épargne, nous avons entrepris de déterminer une réforme légale dans le régime de l'épargne populaire, absorbée jusqu'ici en son intégralité (plus de trois milliards et demi) dans l'emploi passif de la dette d'État, au lieu de retourner au peuple et d'aller, comme en d'autres pays, fertiliser la vie locale. (*Applaudissements.*) Cette réforme, contre laquelle se dressait, avec l'égoïsme de l'État, une muraille de préjugés, d'ignorances et de routines, nous l'avons poursuivie par une enquête internationale... (*Un assistant: Vive l'Internationale! — A la porte! à la porte!*), par des publications, par des conférences, de ville en ville, par des actes... (*Bruit. — A la porte! à la porte!*) — Nous parlons d'une réforme réelle, d'un progrès ; cela vous contrarie donc bien? (*Vifs applaudissements.*)... Par des actes, disais-je, et par des transactions avec l'État, destinées à ouvrir des brèches dans une législation surannée. Ce n'est pas le lieu de préciser où nous en sommes ; je me contente d'indiquer que, dans le projet de loi pendant devant les Chambres, une série de points très importants sont conquis. — Pour le crédit populaire, par six congrès depuis six ans, portés sur les points les plus distants du territoire, par la fondation d'un groupe central, nous avons réussi à introduire, à acclimater en France les vrais systèmes expérimentés à l'étranger, à promouvoir un certain nombre, et qui va croissant, d'institutions locales de crédit populaire urbain ou agricole. (*Applaudissements.*)

Nous avons pu aussi réaliser un ensemble de progrès locaux. — Pour l'épargne : des développements de la Caisse d'épargne de Marseille, qui, de 93,000 clients populaires en 1886 a passé en 1895 à 142,000 avec 65 millions de francs de dépôts au lieu de 43 ; une multiplication des foyers d'épargne, 9 succursales ajoutées dans les communes rurales du département aux 17 existant déjà, 7 installées à portée de l'ouvrier dans les quartiers plébéiens de l'agglomération ; des œuvres nouvelles d'épargne suscitées comme celle de l'outillage agricole à Aix ; l'épargne de l'enfance ouvrière poussée de 275 opérations en 1886 à 12,652 en 1894 (*Applaudissements*) ; l'épargne du sou provoquée par l'émission de timbres-épargne, dont il a été vendu, en moins de quatre ans, dans Marseille, 1,328,815, sauvant du gaspillage alcoolique autant d'embryons d'économie (*Applaudissements*) ; deux organismes de prévoyance offerts à nos employés, une caisse de patrimoine qui, en moins de cinq ans, a formé 83,000 francs de capital, une caisse de retraites dont l'actif, de 36,000 francs, est arrivé à 221,000. — Pour le crédit : une banque populaire a été suscitée à Marseille, qui, née en 1889, effectue plus de 20 millions de petits escomptes par an ; une caisse agricole fondée sur un principe qui paraissait inacceptable en France, la solidarité, vient de surgir à Trets, et d'autres se préparent. — Pour les habitations ouvrières, des voies variées ont été ouvertes : construction directe par la Caisse d'épargne d'un groupe-type de 106 logements ; formation d'une société anonyme au capital de 350,000 francs, qui a déjà bâti 102 logements dans trois quartiers ; francisation de la forme coopérative par la Société « la Pierre du foyer » avec l'assurance-vie auxiliatrice de l'achat de la maison de famille ; prêts hypothécaires à amortissement par la Caisse d'épargne pour l'ouvrier qui veut édifier sa maison lui-même là où il lui plaît ; et enfin, pour la masse des locataires qui ne peuvent s'élever au logement amélioré, épargne préservatrice des loyers par les livrets de dépôts de loyer. (*Applaudissements.*) — Contre ce que j'appellerai les obstacles au mieux-être du peuple, fondation d'une ligue contre l'alcoolisme, cours antialcooliques dans les écoles primaires, conférences par de jeunes médecins, bibliothèques ouvrières circulantes, lectures du soir par un professeur populaire de nos Facultés, et qui me paraissent le germe d'une œuvre d'Extension universitaire... (*Bruit.*) Oui, tout cela, pour combattre la diffusion de ce mal dont j'ai retracé l'envahissement sous la présidence de M. Anatole Leroy-Beaulieu en 1892, dans une réunion tenue en cette salle même (*Bruit*)... Quoi! ce fléau ne vous effraie pas ? A lui seul, il me ferait écarter comme agents de progrès les socialismes tant que je verrai de leurs chefs, au lieu d'en défendre le peuple, s'asseoir dans les assemblées auprès d'anciens marchands du poison élus sur un commun programme. (*Applaudissements redoublés*)... — Et enfin, contre les crises de la vie ouvrière, contre la plus dure de ces crises, celle que j'appelais tout à l'heure le chômage innocent, une organisation d'assistance par le travail qui, datant à peine de 1891, avait déjà, au 15 janvier, distribué 216,750 bons de travail, c'est-à-dire 216,750 heures de salaires d'attente virilement gagnés au lieu d'aumônes déprimantes et hasardeuses. (*Applaudissements.*)

Ces quelques efforts que je viens d'indiquer, en des voies diverses, ce n'est rien, je le répète ; bien d'autres sont possibles, dont plusieurs se préparent ou sont entrevus. En mentionnant ceux-là, j'ai simplement voulu gagner devant vous le droit de vous affirmer que coopérer chacun dans sa sphère et à sa place aux améliorations sociales est chose aisée. (*Applaudissements.*) Il y suffit d'un peu d'initiative, de la méthode que j'ai indiquée tout à l'heure, et d'une troisième condition que je vous recommande parce que j'en ai vérifié la nécessité : la persévérance, l'esprit de suite. Mais il n'est nullement indispensable, comme on le croit trop, de disposer de grandes ressources, et c'est un point que je tiendrais à voir bien compris. La plupart de nous se disent, devant une création qu'on admire : « Voilà qui est beau ; mais c'est bon pour un Peabody, un Chambrun ou un Boucicaut. » (*Bruit.*) C'est une erreur : la plus petite somme (et beaucoup des progrès que je citais tout à l'heure sont nés ainsi) peut être féconde, si elle est bien employée ou si elle est assignée avec justesse à jeter une semence saine. Il n'est pas besoin davantage de détenir du pouvoir. Que de fois on se dit : « Si j'étais législateur ! » devant une œuvre bonne à accomplir. Ce que nous voyons sortir de nos législatures n'est pas pour justifier ce regret. (*Rires.*) Que de lenteurs pour la moindre amélioration ! Quels ajournements sans fin ! Quelle difficulté même d'application quand une loi est votée, quelle pauvreté de résultats ! Lorsqu'on compare ces lois qu'on ne parvient pas à discuter, qui s'émiettent en route, qui, une fois votées, produisent si peu, aux créations de l'initiative libre, quelle supériorité pour celles-ci ! Remontez à l'origine de presque tous les progrès ; vous trouverez une simple individualité, une volonté d'homme, un ressort d'âme, et c'est assez, car tout est là ! (*Applaudissements.*)

Critériums des deux conceptions : valeur morale, orientation dans le sens des tendances modernes.

Messieurs, j'ai essayé d'instituer et de suivre avec conscience un parallèle de doctrine et de faits entre deux conceptions du progrès social. L'ai-je tracé d'une main trop débile, et vous laisse-t-il des doutes? Si oui, je vous en prie, résolvez ces doutes en jugeant sur deux critériums.

Le premier, c'est la valeur de l'une et de l'autre conception pour le progrès moral. Car nous sommes tous d'accord, n'est-ce pas, sur ce point que le progrès social est fait de progrès moral comme de progrès matériel? Au collectiviste le plus exclusif, un monde collectivisé, mais peuplé d'alcooliques ou de délinquants, ne peut pas apparaître comme un Éden. Eh bien! quelle est, pour le progrès moral, la vertu productive de chacune des deux conceptions?

Nous nous en rendrons compte en observant d'abord comment chacune agit. L'une par appel à l'énergie de la personne humaine, à l'initiative, à la prévoyance, à la persévérance, au dévouement; l'autre, en remplaçant ces divers moteurs par une coaction de l'État, c'est-à-dire forcément en laissant s'émasculer les volontés, s'atrophier ce que j'appellerai l'*épine dorsale* de notre être moral. Dans l'une, nous avons vu le progrès procéder comme l'accroissement d'un arbre par la poussée graduelle d'une sève intime; dans l'autre, il se produirait, s'il était possible, comme le mouvement d'un mécanisme, par transmission d'une force externe. — Pour la productivité morale, préférez-vous la sève ou l'automatisme?

Observons ensuite les résultats respectifs sur la vie sociale. Notre conception a pour point de départ l'amour et l'effort progressiste d'un côté, de l'autre la confiance et l'acquiescement à la part inévitable des imperfections du monde, acquiescement qui s'impose, remarquez-le, aussi bien aux inégalités de la santé physique ou du bonheur qu'à celles de la richesse. Et elle aboutit à la belle paix sociale qui a été la devise de Le Play. — Les socialismes partent d'un mécontentement inapaisable, d'un antagonisme rapidement changé en haines ; ils acceptent comme moyen la violence, et on en donne en petit, ce soir, un exemple. (*Applaudissements.*) Ils se comparent parfois au christianisme naissant ; mais les premiers chrétiens ne menaçaient pas leurs contemporains d'expropriation ou de révolution sanglante ; ils modifièrent le milieu par l'exemple de la douceur, de la patience, du sacrifice ; ils prêchaient la résignation et la charité, non la lutte de classes. (*Applaudissements.*) Or, l'implacable lutte de classes, est une des lois marxistes. (*Applaudissements.*) — En tant que coefficient du progrès moral, que préférez-vous, cette loi primitive et animale, la lutte de classes, ou cette loi d'humanité civilisée, l'entente pour la vie et l'amour ? (*Applaudissements.*)

Le deuxième critérium que je vous propose est celui-ci : laquelle des deux conceptions oriente son objectif de progrès dans le sens des tendances modernes ? Je ne parle pas des tendances modernes des politiciens, mais de celles de nous tous, et de vous-mêmes, collectivistes, dans la vie quotidienne, dans la vie courante. Interrogez-vous, pensez aux détails de cette vie. N'est-ce pas un fait indéniable que plus nous allons, plus nous supportons impatiemment, tous tant que nous sommes, les intrusions de l'État sur l'activité libre, en dehors de certaines limites que nous voudrions de plus en plus resserrer ? Il me suffit de vous rappeler les récriminations constantes contre les maladroites exploitations d'État, tantôt les tabacs, tantôt les allumettes, ou ces téléphones dont le service refusait il y a deux mois des abonnements parce qu'il n'y avait plus de crédit. (*Applaudissements.*)

Or, à l'égard de cette tendance incontestable de notre génération, comment se comporte chacune des deux conceptions?

La nôtre, sans répudier toute intervention de l'État (car nous ne sommes pas de ceux qui nient qu'il puisse aider au progrès), vise à définir nettement ses fonctions légitimes et à l'y maintenir, en donnant partout ailleurs l'expansion aux forces libres. (*Applaudissements.*) — Les socialismes se dirigent exactement dans le sens inverse. Partout où existe, où peut surgir une force libre, ils visent à lui substituer une action de la collectivité. Tout par l'État, même la réglementation du prix des marchandises ou des denrées, en attendant qu'une armée de répartiteurs ou de surveillants officiels dispense à chaque Français son travail, son salaire et son plaisir.

Considérez la jeune race qui déploie aux États-Unis sa vitalité extraordinaire; calculez la somme d'énergie, d'initiative qu'elle dépense; remarquez l'aptitude qu'ont là les hommes à s'associer pour fonder, pour lancer des entreprises, pour créer des villes, des ports, des chemins de fer, des institutions, le perpétuel souci des citoyens d'agir par eux-mêmes et de ramener la fonction des pouvoirs publics au minimum indispensable. (*Bruit.*)

M. le Président. — Vous voyez bien que vous perdez votre temps, que nous sommes résolus à aller jusqu'au bout, décidés à tout dire, et que par le bruit vous n'empêcherez rien !

M. Rostand. — Voyons, Messieurs, vous venez de lire certainement (*Bruit*),... si vous lisez... (*Un assistant : Eh non, ils ne lisent pas !*) l'*Outre-Mer* d'un des jeunes maîtres du roman contemporain : avec quelle intensité M. Paul Bourget a eu là-bas la sensation de respirer à pleins poumons un air qui vivifie ! Serait-ce, au contraire, dans une atmosphère de réglementation étroite, rigide, fermée, que vous espéreriez voir fleurir le progrès humain? (*Bruit.*) Savez-vous ce qui suffirait à me faire repousser toute transaction avec le collectivisme, même si je ne le croyais une démence? Le sentiment de mon autonomie d'homme. Car, de quelque façon qu'on le conçoive, il enserrerait toujours tous les hommes dans un réseau de servitudes, d'obligations heure par heure. Je me suppose ouvrier de l'industrie ou de la terre; mon labeur est dur, mais libre après tout; j'en puis changer, comme de maître. Et je préférerais un labeur assigné par le sort ou par l'arbitraire d'État? Jamais.

Nous regimbons à chaque pas contre nos bureaucraties. Nous les accusons, parfois avec excès, de lenteur, d'indolence, de favoritisme, d'immobilité. Et nous attendrions le progrès de bureaucraties universalisées, dominant tout les détails de l'existence? Il est vrai qu'elles seraient électives : la belle garantie, n'est-ce pas? (*Rires et applaudissements.*) Le noble penseur suisse qui vient de mourir, Secretan disait : « La galère, avec le droit pour la chiourme de choisir ses argousins! » (*Applaudissements répétés.*) Essayez seulement, par la pensée, de vous figurer comment les merveilleux perfectionnements de la culture intensive, ou les découvertes continuelles de la science industrielle, auraient pu sortir des inerties et de la routine d'un fonctionnarisme électif!

Je ne crois donc pas contestable que toute conception d'envahissement de la vie par l'État entrevoit le progrès au rebours des tendances modernes, de celles que nous manifestons tous, même les collectivistes, en toute occasion et à toute heure.

Les socialismes ne jouent même pas le rôle de propulseurs : ils attardent.

J'ai fini ; mais avant de conclure, il est un dernier coin du sujet que je me reprocherais de laisser dans l'ombre, parce qu'il s'y cache, comme en un refuge, un sophisme qui m'a souvent frappé.

Inaptes au progrès matériel, funestes au progrès moral, les socialismes serviraient-ils du moins l'un ou l'autre en empêchant par leurs exagérations les égoïsmes de s'endormir, soit qu'ils nous émeuvent dans notre humanité, soit qu'ils nous épouvantent dans notre sécurité ? Vous avez entendu ces thèses spécieuses : en ce temps de faiblesse pour toute idée fausse, certaines intelligences flottantes les acceptent comme des transactions, s'y complaisent. Les faits ne les confirment pas, il suffit d'un peu d'observation pour s'en convaincre.

Quel est l'effet des systèmes socialistes sur la masse des petits et des faibles ? Hypnotisés par le mirage d'une transformation de leur destinée, ils renoncent à l'améliorer par eux-mêmes. Qui dira combien d'ouvriers simples, courageux et droits ont été par là dégoûtés du travail qui les eût fait monter peu à peu, de l'épargne qui leur eût fait peu à peu de l'indépendance ? — Et quel en est l'effet sur ceux qui, plus avancés, détiennent, avec l'instruction et l'aisance, le pouvoir d'aider leurs frères à avancer à leur tour ? Les uns, pris de doute ou terrorisés, disent : à quoi bon ? Après moi le déluge ! Les autres, s'ils voient le socialisme d'État se charger de tout, s'arrêtent en des efforts auxquels il ôte l'utilité ou l'intérêt (et c'est le cas de plus d'un chef d'industrie aujourd'hui), s'assoupissent sur l'oreiller de paresse, ou si le socialisme révolutionnaire les calomnie, les insulte, abdiquent leurs espoirs élevés. Quant aux foules profondes, inquiètes dans les nécessités immédiates, elles sacrifient le progrès au repos, au *primum vivere*.

Ainsi, loin de servir les progrès que la tendance naturelle de la civilisation détermine, les socialismes les retardent par la crainte, ou par le découragement, ou par des réactions intermittentes.

Interrogez tous ceux qui font de l'action sociale pratique. Ils vous diront qu'ils y ont été poussés par l'observation des réalités, ou par l'étude des économistes et philanthropes, ou par l'exemple d'initiatives antérieures, mais point par les déclamations des socialismes ; et encore, que s'ils ont connu des heures d'ébranlement, de refroidissement, de doute, la cause en fut presque toujours l'écœurement d'attaques dont l'absurdité stupéfait ou la perfidie révolte : l'imperturbable foi qui réchauffe et soutient comme un cordial, on la trouve chez des croyants ou des agissants comme les hommes qui m'entourent.

Enfin la moindre réflexion indique que dans tout pays troublé, ahuri par le désordre d'idées, par les menaces de convulsions, par l'incertitude d'activité dont les entreprises socialistes sont suivies, le vaste travail si complexe, si patient, que comporte toute recherche de mieux, tout arrangement nouveau, devient impossible.

Et voilà par quelle série de motifs, tirés encore de l'observation, j'affirme que les socialismes ne sont même pas des *propulseurs*, mais sont des *enrayeurs* du mouvement de la civilisation ; au lieu de rapprocher du progrès social, ils en éloignent. (*Bruit.*)

Conclusion : recherches pratiques, étude des organisations de l'étranger, action.

Messieurs, vous qui êtes jeunes, et que le problème des imperfections sociales a saisis, ne stérilisez pas vos fécondes années dans l'étude d'une pseudo-science dont l'hypothèse est la base, le sophisme l'unique procédé, et qui ne vous conduirait qu'au vide. S'il en est qui aient été troublés, qu'ils fassent comme Herbert Spencer répudiant les socialismes qui le revendiquaient, qu'ils aient ces nobles sincérités de l'intelligence. — Jetez-vous dans les recherches sociales pratiques : combien elles vous satisferont davantage que la quasi-métaphysique des socialismes dits scientifiques qui ont remplacé les socialismes sentimentaux ! Nous ignorons l'étranger: allez examiner sur place, ou scrutez au moins par les documents, les progrès des autres peuples, leurs organisations utiles : je vous assure que c'est une mine inépuisable. — Et puis, vos énergies, vos audaces mêmes, portez-les vers l'action : ce qui fait des « cerveaux desséchés », et des « cœurs desséchés » aussi, c'est le culte du Moi; sortez du Moi qui nous perd, allez à autrui, allez au peuple pour étudier les difficultés de sa vie et les arrangements possibles, mais sur la base d'informations exactes. — Quand vous aurez bu à ces deux sources, l'étude pratique et l'action de solidarité, vous trouverez vaines et creuses les assertions sans preuves, les critiques stérilisantes, les chimères qui retardent. (*Bruit violent, cris. — Chant de la Carmagnole.*)

Quant à nous, nous avons voulu ce soir confesser devant vous notre foi sociale, qui est le progrès, tracer notre méthode, affirmer notre politique sociale qui est toute de recherche du mieux, d'en-avant et d'action.

(*Applaudissements répétés. Un grand nombre d'assistants entourent l'orateur et le félicitent. Tandis que les obstructionnistes chantent la Carmagnole, la grande majorité des étudiants présents fait à l'orateur une longue ovation aux cris : Conspuez Jaurès ! Vive Rostand !*) (1).

(1) Sténographié par Gustave Duployé, 36, rue de Rivoli.

Paris. — Imprimerie F. Levé, rue Cassette, 17.

PUBLICATIONS RÉCENTES

L'Action sociale par l'initiative privée, avec des documents pour servir à l'organisation d'institutions populaires et des plans d'habitations ouvrières, par Eugène Rostand; Paris, Guillaumin, 1898, t. II, gr. in-8°, xviii-970 p.

L'Alcoolisme et ses remèdes, par Maurice Vanlaer; Paris, A. Colin, 1898, in-18, viii-168 p.

La Société provençale à la fin du moyen âge, par Ch. de Ribbe; Paris, Perrin, 1898, in-8°, xii-572 p. (ouvrage couronné par l'Académie française, 2° Prix Gobert, 1898).

Les Ouvriers des deux Mondes : Monographie du Piqueur sociétaire de la Mine aux mineurs, par M. P. du Maroussem; Paris, Société d'Economie sociale, 1898, br. in-8°, 72 p.; prix : 2 fr.

Les revendications ouvrières en France, par A. Béchaux, professeur à la Faculté libre de Lille; 2° édit., 1 vol. in-18; prix : 4 fr.

Etudes sur les populations rurales de l'Allemagne et la crise agraire, par Georges Blondel, professeur agrégé de l'Université, Paris, Larose, 1897; 1 fort vol. in-8°, xii-522 p., avec cartes et plans.

Le Devoir des chrétiens français en face de l'alcoolisme, par le pasteur Bianquis, 3° édit., br. in-18; prix : 0 fr. 10.

Pourquoi la criminalité monte en France et baisse en Angleterre, par Eugène Rostand, br. in-18; prix : 0 fr. 10.

Les Unions de la paix sociale et les écoles socialistes, réponse à M. Rouanet, député, par A. Delaire, br. in-18; prix : 0 fr. 10.

La Participation aux bénéfices, par Maurice Vanlaer; Paris, A. Rousseau, 1898, in-8°, viii-310 p.